BELONGS TO

_____

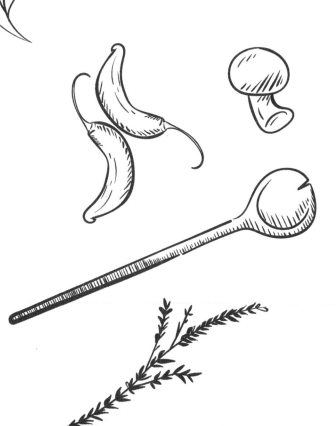

RECIPE 51 _____

RECIPE 52 _____

RECIPE 53 _____

RECIPE 54 _____

RECIPE 55 _____

RECIPE 56 _____

RECIPE 57 _____

RECIPE 58 _____

RECIPE 59 _____

RECIPE 60 _____

RECIPE 61 _____

RECIPE 62 _____

RECIPE 63 _____

RECIPE 64 _____

RECIPE 65 _____

RECIPE 66 _____

RECIPE 67 _____

RECIPE 68 _____

RECIPE 69 _____

RECIPE 70 _____

RECIPE 71 _____

RECIPE 72 _____

RECIPE 73 _____

RECIPE 74 _____

RECIPE 75 _____

RECIPE 76 _____

RECIPE 77 _____

RECIPE 78 _____

RECIPE 79 _____

RECIPE 80 _____

RECIPE 81 _____

RECIPE 82 _____

RECIPE 83 _____

RECIPE 84 _____

RECIPE 85 _____

RECIPE 86 _____

RECIPE 87 _____

RECIPE 88 _____

RECIPE 89 _____

RECIPE 90 _____

RECIPE 91 _____

RECIPE 92 _____

RECIPE 93 _____

RECIPE 94 _____

RECIPE 95 _____

RECIPE 96 _____

RECIPE 97 _____

RECIPE 98 _____

RECIPE 99 _____

RECIPE 100 _____

RECIPE 1 _____

SERVING _____   PREP TIME _____

COOK TIME _____   TEMPERATURE _____

INGREDIENTS _____   ## DIRECTIONS _____

_____   _____

_____   _____

_____   _____

_____   _____

_____   _____

_____   _____

_____   _____

_____   _____

_____   _____

_____   _____

_____   _____

_____   _____

_____   _____

_____   _____

_____   _____

_____   _____

_____   _____

WINE PAIRING _____

FROM THE KITCHEN OF _____

RECIPE 2 ──────────────────────

SERVING ───────────── PREP TIME ──────────────

COOK TIME ───────────── TEMPERATURE ──────────────

INGREDIENTS ────────── ## DIRECTIONS ────────────

――――――――――――――――― ―――――――――――――――――
――――――――――――――――― ―――――――――――――――――
――――――――――――――――― ―――――――――――――――――
――――――――――――――――― ―――――――――――――――――
――――――――――――――――― ―――――――――――――――――
――――――――――――――――― ―――――――――――――――――
――――――――――――――――― ―――――――――――――――――
――――――――――――――――― ―――――――――――――――――
――――――――――――――――― ―――――――――――――――――
――――――――――――――――― ―――――――――――――――――
――――――――――――――――― ―――――――――――――――――
――――――――――――――――― ―――――――――――――――――
――――――――――――――――― ―――――――――――――――――
――――――――――――――――― ―――――――――――――――――
――――――――――――――――― ―――――――――――――――――
――――――――――――――――― ―――――――――――――――――
――――――――――――――――― ―――――――――――――――――
――――――――――――――――― ―――――――――――――――――
――――――――――――――――― ―――――――――――――――――
――――――――――――――――― ―――――――――――――――――

WINE PAIRING ───────────────────────

FROM THE KITCHEN OF ─────────────────────

RECIPE 3 _____

SERVING _____ PREP TIME _____

COOK TIME _____ TEMPERATURE _____

INGREDIENTS _____ ## DIRECTIONS _____

_____ _____
_____ _____
_____ _____
_____ _____
_____ _____
_____ _____
_____ _____
_____ _____
_____ _____
_____ _____
_____ _____
_____ _____
_____ _____
_____ _____
_____ _____
_____ _____
_____ _____
_____ _____
_____ _____
_____ _____

WINE PAIRING _____

FROM THE KITCHEN OF _____

RECIPE 4 _____

SERVING _____   PREP TIME _____

COOK TIME _____   TEMPERATURE _____

INGREDIENTS _____   ## DIRECTIONS _____

_____   _____

_____   _____

_____   _____

_____   _____

_____   _____

_____   _____

_____   _____

_____   _____

_____   _____

_____   _____

_____   _____

_____   _____

_____   _____

_____   _____

_____   _____

_____   _____

_____   _____

_____   _____

_____   _____

_____   _____

WINE PAIRING _____

FROM THE KITCHEN OF _____

RECIPE 5

SERVING _____   PREP TIME _____

COOK TIME _____   TEMPERATURE _____

INGREDIENTS _____

_____

_____

_____

_____

_____

_____

_____

_____

_____

_____

_____

_____

_____

_____

_____

_____

_____

_____

DIRECTIONS _____

_____

_____

_____

_____

_____

_____

_____

_____

_____

_____

_____

_____

_____

_____

_____

_____

_____

_____

WINE PAIRING _____

FROM THE KITCHEN OF _____

RECIPE 6 _____

SERVING _____   PREP TIME _____

COOK TIME _____   TEMPERATURE _____

INGREDIENTS _____   ## DIRECTIONS _____

_____   _____
_____   _____
_____   _____
_____   _____
_____   _____
_____   _____
_____   _____
_____   _____
_____   _____
_____   _____
_____   _____
_____   _____
_____   _____
_____   _____
_____   _____
_____   _____
_____   _____
_____   _____
_____   _____
_____   _____

WINE PAIRING _____

FROM THE KITCHEN OF _____

RECIPE 7

SERVING _____   **PREP TIME** _____

COOK TIME _____   **TEMPERATURE** _____

INGREDIENTS _____

_____

_____

_____

_____

_____

_____

_____

_____

_____

_____

_____

_____

_____

_____

_____

_____

_____

_____

DIRECTIONS _____

_____

_____

_____

_____

_____

_____

_____

_____

_____

_____

_____

_____

_____

_____

_____

_____

_____

_____

WINE PAIRING _____

FROM THE KITCHEN OF _____

RECIPE 8 _____

SERVING _____   PREP TIME _____

COOK TIME _____   TEMPERATURE _____

INGREDIENTS _____   DIRECTIONS _____

_____   _____
_____   _____
_____   _____
_____   _____
_____   _____
_____   _____
_____   _____
_____   _____
_____   _____
_____   _____
_____   _____
_____   _____
_____   _____
_____   _____
_____   _____
_____   _____
_____   _____
_____   _____
_____   _____

WINE PAIRING _____

FROM THE KITCHEN OF _____

RECIPE 9 _____

SERVING _____   PREP TIME _____

COOK TIME _____   TEMPERATURE _____

INGREDIENTS _____   ## DIRECTIONS _____

_____   _____

_____   _____

_____   _____

_____   _____

_____   _____

_____   _____

_____   _____

_____   _____

_____   _____

_____   _____

_____   _____

_____   _____

_____   _____

_____   _____

_____   _____

_____   _____

_____   _____

_____   _____

_____   _____

WINE PAIRING _____

FROM THE KITCHEN OF _____

RECIPE 10 _____

SERVING _____   PREP TIME _____

COOK TIME _____   TEMPERATURE _____

INGREDIENTS _____   ## DIRECTIONS _____

_____   _____
_____   _____
_____   _____
_____   _____
_____   _____
_____   _____
_____   _____
_____   _____
_____   _____
_____   _____
_____   _____
_____   _____
_____   _____
_____   _____
_____   _____
_____   _____
_____   _____
_____   _____
_____   _____
_____   _____

WINE PAIRING _____

FROM THE KITCHEN OF _____

RECIPE 11 _____

SERVING _____ PREP TIME _____

COOK TIME _____ TEMPERATURE _____

INGREDIENTS _____ | ## DIRECTIONS _____

WINE PAIRING _____

FROM THE KITCHEN OF _____

RECIPE 12 _____

SERVING _____   PREP TIME _____

COOK TIME _____   TEMPERATURE _____

INGREDIENTS _____   ## DIRECTIONS _____

_____   _____
_____   _____
_____   _____
_____   _____
_____   _____
_____   _____
_____   _____
_____   _____
_____   _____
_____   _____
_____   _____
_____   _____
_____   _____
_____   _____
_____   _____
_____   _____
_____   _____
_____   _____
_____   _____
_____   _____
_____   _____

WINE PAIRING _____

FROM THE KITCHEN OF _____

RECIPE 13

SERVING _____   PREP TIME _____

COOK TIME _____   TEMPERATURE _____

INGREDIENTS _____   ## DIRECTIONS _____

_____   _____

_____   _____

_____   _____

_____   _____

_____   _____

_____   _____

_____   _____

_____   _____

_____   _____

_____   _____

_____   _____

_____   _____

_____   _____

_____   _____

_____   _____

_____   _____

_____   _____

_____   _____

_____   _____

_____   _____

WINE PAIRING _____

FROM THE KITCHEN OF _____

RECIPE 14

SERVING _____

PREP TIME _____

COOK TIME _____

TEMPERATURE _____

INGREDIENTS _____

_____

_____

_____

_____

_____

_____

_____

_____

_____

_____

_____

_____

_____

_____

_____

_____

_____

_____

_____

DIRECTIONS _____

_____

_____

_____

_____

_____

_____

_____

_____

_____

_____

_____

_____

_____

_____

_____

_____

_____

_____

_____

WINE PAIRING _____

FROM THE KITCHEN OF _____

RECIPE 15

SERVING _____   PREP TIME _____

COOK TIME _____   TEMPERATURE _____

INGREDIENTS _____   ## DIRECTIONS _____

_____   _____
_____   _____
_____   _____
_____   _____
_____   _____
_____   _____
_____   _____
_____   _____
_____   _____
_____   _____
_____   _____
_____   _____
_____   _____
_____   _____
_____   _____
_____   _____
_____   _____
_____   _____
_____   _____
_____   _____

WINE PAIRING _____

FROM THE KITCHEN OF _____

RECIPE 16

SERVING _____   PREP TIME _____

COOK TIME _____   TEMPERATURE _____

INGREDIENTS _____   ## DIRECTIONS _____

WINE PAIRING _____

FROM THE KITCHEN OF _____

RECIPE 17 _____

SERVING _____   PREP TIME _____

COOK TIME _____   TEMPERATURE _____

INGREDIENTS _____   ## DIRECTIONS _____

_____   _____

_____   _____

_____   _____

_____   _____

_____   _____

_____   _____

_____   _____

_____   _____

_____   _____

_____   _____

_____   _____

_____   _____

_____   _____

_____   _____

_____   _____

_____   _____

_____   _____

_____   _____

_____   _____

_____   _____

_____   _____

_____   _____

WINE PAIRING _____

FROM THE KITCHEN OF _____

RECIPE 18 _____

SERVING _____   PREP TIME _____

COOK TIME _____   TEMPERATURE _____

INGREDIENTS _____   ## DIRECTIONS _____

_____   _____
_____   _____
_____   _____
_____   _____
_____   _____
_____   _____
_____   _____
_____   _____
_____   _____
_____   _____
_____   _____
_____   _____
_____   _____
_____   _____
_____   _____
_____   _____
_____   _____
_____   _____
_____   _____
_____   _____

WINE PAIRING _____

FROM THE KITCHEN OF _____

RECIPE 19 _____

SERVING _____   PREP TIME _____

COOK TIME _____   TEMPERATURE _____

INGREDIENTS _____   ## DIRECTIONS _____

WINE PAIRING _____

FROM THE KITCHEN OF _____

RECIPE 20 ───────────

SERVING ─────────────   PREP TIME ─────────────

COOK TIME ────────────   TEMPERATURE ───────────

INGREDIENTS ──────────   ## DIRECTIONS ──────────

_____   _____
_____   _____
_____   _____
_____   _____
_____   _____
_____   _____
_____   _____
_____   _____
_____   _____
_____   _____
_____   _____
_____   _____
_____   _____
_____   _____
_____   _____
_____   _____
_____   _____
_____   _____
_____   _____
_____   _____
_____   _____

WINE PAIRING ──────────────────────────

FROM THE KITCHEN OF ───────────────────────

RECIPE 21

SERVING _____   PREP TIME _____

COOK TIME _____   TEMPERATURE _____

INGREDIENTS _____   ## DIRECTIONS _____

_____   _____
_____   _____
_____   _____
_____   _____
_____   _____
_____   _____
_____   _____
_____   _____
_____   _____
_____   _____
_____   _____
_____   _____
_____   _____
_____   _____
_____   _____
_____   _____
_____   _____
_____   _____
_____   _____

WINE PAIRING _____

FROM THE KITCHEN OF _____

RECIPE 22 ─────────────

SERVING ────────────   PREP TIME ────────────

COOK TIME ────────────   TEMPERATURE ────────────

INGREDIENTS ──────────   DIRECTIONS ──────────

WINE PAIRING ────────────────────────

FROM THE KITCHEN OF ─────────────────────

RECIPE 23 _____

SERVING _____   PREP TIME _____

COOK TIME _____   TEMPERATURE _____

INGREDIENTS _____   ## DIRECTIONS _____

_____   _____
_____   _____
_____   _____
_____   _____
_____   _____
_____   _____
_____   _____
_____   _____
_____   _____
_____   _____
_____   _____
_____   _____
_____   _____
_____   _____
_____   _____
_____   _____
_____   _____
_____   _____
_____   _____

WINE PAIRING _____

FROM THE KITCHEN OF _____

RECIPE 24 _____

SERVING _____   PREP TIME _____

COOK TIME _____   TEMPERATURE _____

INGREDIENTS _____   ## DIRECTIONS _____

_____   _____
_____   _____
_____   _____
_____   _____
_____   _____
_____   _____
_____   _____
_____   _____
_____   _____
_____   _____
_____   _____
_____   _____
_____   _____
_____   _____
_____   _____
_____   _____
_____   _____
_____   _____
_____   _____
_____   _____
_____   _____

WINE PAIRING _____

FROM THE KITCHEN OF _____

RECIPE 25 _____

SERVING _____   PREP TIME _____

COOK TIME _____   TEMPERATURE _____

INGREDIENTS _____   ## DIRECTIONS _____

_____   _____
_____   _____
_____   _____
_____   _____
_____   _____
_____   _____
_____   _____
_____   _____
_____   _____
_____   _____
_____   _____
_____   _____
_____   _____
_____   _____
_____   _____
_____   _____
_____   _____
_____   _____
_____   _____
_____   _____

WINE PAIRING _____

FROM THE KITCHEN OF _____

RECIPE 26 _____

SERVING _____   PREP TIME _____

COOK TIME _____   TEMPERATURE _____

INGREDIENTS _____   ## DIRECTIONS _____

_____   _____
_____   _____
_____   _____
_____   _____
_____   _____
_____   _____
_____   _____
_____   _____
_____   _____
_____   _____
_____   _____
_____   _____
_____   _____
_____   _____
_____   _____
_____   _____
_____   _____
_____   _____
_____   _____
_____   _____
_____   _____

WINE PAIRING _____

FROM THE KITCHEN OF _____

RECIPE 27 _____

SERVING _____   PREP TIME _____

COOK TIME _____   TEMPERATURE _____

INGREDIENTS _____   ## DIRECTIONS _____

_____   _____
_____   _____
_____   _____
_____   _____
_____   _____
_____   _____
_____   _____
_____   _____
_____   _____
_____   _____
_____   _____
_____   _____
_____   _____
_____   _____
_____   _____
_____   _____
_____   _____
_____   _____
_____   _____

WINE PAIRING _____

FROM THE KITCHEN OF _____

RECIPE 28

SERVING _____   PREP TIME _____

COOK TIME _____   TEMPERATURE _____

INGREDIENTS _____   ## DIRECTIONS _____

WINE PAIRING _____

FROM THE KITCHEN OF _____

RECIPE 29

SERVING _____   PREP TIME _____

COOK TIME _____   TEMPERATURE _____

INGREDIENTS _____   ## DIRECTIONS _____

_____   _____
_____   _____
_____   _____
_____   _____
_____   _____
_____   _____
_____   _____
_____   _____
_____   _____
_____   _____
_____   _____
_____   _____
_____   _____
_____   _____
_____   _____
_____   _____
_____   _____
_____   _____
_____   _____

WINE PAIRING _____

FROM THE KITCHEN OF _____

RECIPE 30

SERVING _____   PREP TIME _____

COOK TIME _____   TEMPERATURE _____

INGREDIENTS _____   DIRECTIONS _____

_____   _____

_____   _____

_____   _____

_____   _____

_____   _____

_____   _____

_____   _____

_____   _____

_____   _____

_____   _____

_____   _____

_____   _____

_____   _____

_____   _____

_____   _____

_____   _____

_____   _____

_____   _____

WINE PAIRING _____

FROM THE KITCHEN OF _____

RECIPE 31 _____

SERVING _____   PREP TIME _____

COOK TIME _____   TEMPERATURE _____

INGREDIENTS _____   ## DIRECTIONS _____

_____   _____
_____   _____
_____   _____
_____   _____
_____   _____
_____   _____
_____   _____
_____   _____
_____   _____
_____   _____
_____   _____
_____   _____
_____   _____
_____   _____
_____   _____
_____   _____
_____   _____
_____   _____
_____   _____
_____   _____

WINE PAIRING _____

FROM THE KITCHEN OF _____

RECIPE 32

SERVING _____   PREP TIME _____

COOK TIME _____   TEMPERATURE _____

INGREDIENTS _____   ## DIRECTIONS _____

_____   _____
_____   _____
_____   _____
_____   _____
_____   _____
_____   _____
_____   _____
_____   _____
_____   _____
_____   _____
_____   _____
_____   _____
_____   _____
_____   _____
_____   _____
_____   _____
_____   _____
_____   _____
_____   _____
_____   _____
_____   _____

WINE PAIRING _____

FROM THE KITCHEN OF _____

RECIPE 33

SERVING _____   PREP TIME _____

COOK TIME _____   TEMPERATURE _____

INGREDIENTS _____   ## DIRECTIONS _____

_____   _____

_____   _____

_____   _____

_____   _____

_____   _____

_____   _____

_____   _____

_____   _____

_____   _____

_____   _____

_____   _____

_____   _____

_____   _____

_____   _____

_____   _____

_____   _____

_____   _____

_____   _____

_____   _____

_____   _____

WINE PAIRING _____

FROM THE KITCHEN OF _____

RECIPE 34

SERVING _____   PREP TIME _____

COOK TIME _____   TEMPERATURE _____

INGREDIENTS _____   ## DIRECTIONS _____

WINE PAIRING _____

FROM THE KITCHEN OF _____

RECIPE 35 _____

SERVING _____   PREP TIME _____

COOK TIME _____   TEMPERATURE _____

INGREDIENTS _____   ## DIRECTIONS _____

_____   _____
_____   _____
_____   _____
_____   _____
_____   _____
_____   _____
_____   _____
_____   _____
_____   _____
_____   _____
_____   _____
_____   _____
_____   _____
_____   _____
_____   _____
_____   _____
_____   _____

WINE PAIRING _____

FROM THE KITCHEN OF _____

RECIPE 36 ───────────────────

SERVING ──────────────   PREP TIME ──────────────

COOK TIME ──────────────   TEMPERATURE ──────────────

INGREDIENTS ──────────   ## DIRECTIONS ──────────

_____   _____
_____   _____
_____   _____
_____   _____
_____   _____
_____   _____
_____   _____
_____   _____
_____   _____
_____   _____
_____   _____
_____   _____
_____   _____
_____   _____
_____   _____
_____   _____
_____   _____
_____   _____
_____   _____
_____   _____
_____   _____

WINE PAIRING ──────────────────────

FROM THE KITCHEN OF ──────────────────────

RECIPE 37 _____

SERVING _____   PREP TIME _____

COOK TIME _____   TEMPERATURE _____

INGREDIENTS _____   ## DIRECTIONS _____

_____   _____
_____   _____
_____   _____
_____   _____
_____   _____
_____   _____
_____   _____
_____   _____
_____   _____
_____   _____
_____   _____
_____   _____
_____   _____
_____   _____
_____   _____
_____   _____
_____   _____
_____   _____
_____   _____

WINE PAIRING _____

FROM THE KITCHEN OF _____

RECIPE 38 _____

SERVING _____   PREP TIME _____

COOK TIME _____   TEMPERATURE _____

INGREDIENTS _____   ## DIRECTIONS _____

WINE PAIRING _____

FROM THE KITCHEN OF _____

RECIPE 39 _____

SERVING _____   PREP TIME _____

COOK TIME _____   TEMPERATURE _____

INGREDIENTS _____   ## DIRECTIONS _____

_____   _____

_____   _____

_____   _____

_____   _____

_____   _____

_____   _____

_____   _____

_____   _____

_____   _____

_____   _____

_____   _____

_____   _____

_____   _____

_____   _____

_____   _____

_____   _____

_____   _____

_____   _____

_____   _____

WINE PAIRING _____

FROM THE KITCHEN OF _____

RECIPE 40

SERVING _____ **PREP TIME** _____

COOK TIME _____ **TEMPERATURE** _____

INGREDIENTS _____ ## DIRECTIONS _____

_____

_____

_____

_____

_____

_____

_____

_____

_____

_____

_____

_____

_____

_____

_____

_____

_____

_____

_____

_____

_____

_____

_____

WINE PAIRING _____

FROM THE KITCHEN OF _____

RECIPE 41

SERVING _____   PREP TIME _____

COOK TIME _____   TEMPERATURE _____

INGREDIENTS _____   ## DIRECTIONS _____

_____   _____
_____   _____
_____   _____
_____   _____
_____   _____
_____   _____
_____   _____
_____   _____
_____   _____
_____   _____
_____   _____
_____   _____
_____   _____
_____   _____
_____   _____
_____   _____
_____   _____
_____   _____
_____   _____

WINE PAIRING _____

FROM THE KITCHEN OF _____

RECIPE 42

SERVING _____   **PREP TIME** _____

COOK TIME _____   **TEMPERATURE** _____

INGREDIENTS _____   ## DIRECTIONS _____

WINE PAIRING _____

FROM THE KITCHEN OF _____

RECIPE 43 _____

SERVING _____   PREP TIME _____

COOK TIME _____   TEMPERATURE _____

INGREDIENTS _____   ## DIRECTIONS _____

_____   _____
_____   _____
_____   _____
_____   _____
_____   _____
_____   _____
_____   _____
_____   _____
_____   _____
_____   _____
_____   _____
_____   _____
_____   _____
_____   _____
_____   _____
_____   _____
_____   _____
_____   _____

WINE PAIRING _____

FROM THE KITCHEN OF _____

RECIPE 44 _____

SERVING _____   PREP TIME _____

COOK TIME _____   TEMPERATURE _____

INGREDIENTS _____   ## DIRECTIONS _____

_____   _____
_____   _____
_____   _____
_____   _____
_____   _____
_____   _____
_____   _____
_____   _____
_____   _____
_____   _____
_____   _____
_____   _____
_____   _____
_____   _____
_____   _____
_____   _____
_____   _____
_____   _____
_____   _____

WINE PAIRING _____

FROM THE KITCHEN OF _____

RECIPE 45 _____

SERVING _____ PREP TIME _____

COOK TIME _____ TEMPERATURE _____

INGREDIENTS _____ ## DIRECTIONS _____

_____ _____
_____ _____
_____ _____
_____ _____
_____ _____
_____ _____
_____ _____
_____ _____
_____ _____
_____ _____
_____ _____
_____ _____
_____ _____
_____ _____
_____ _____
_____ _____
_____ _____
_____ _____
_____ _____

WINE PAIRING _____

FROM THE KITCHEN OF _____

RECIPE 46 _____

SERVING _____   PREP TIME _____

COOK TIME _____   TEMPERATURE _____

INGREDIENTS _____   ## DIRECTIONS _____

_____   _____
_____   _____
_____   _____
_____   _____
_____   _____
_____   _____
_____   _____
_____   _____
_____   _____
_____   _____
_____   _____
_____   _____
_____   _____
_____   _____
_____   _____
_____   _____
_____   _____
_____   _____
_____   _____
_____   _____
_____   _____
_____   _____

WINE PAIRING _____

FROM THE KITCHEN OF _____

RECIPE 47

SERVING _____

PREP TIME _____

COOK TIME _____

TEMPERATURE _____

INGREDIENTS _____

DIRECTIONS _____

WINE PAIRING _____

FROM THE KITCHEN OF _____

RECIPE 48 _____

SERVING _____   PREP TIME _____

COOK TIME _____   TEMPERATURE _____

INGREDIENTS _____   ## DIRECTIONS _____

_____   _____
_____   _____
_____   _____
_____   _____
_____   _____
_____   _____
_____   _____
_____   _____
_____   _____
_____   _____
_____   _____
_____   _____
_____   _____
_____   _____
_____   _____
_____   _____
_____   _____
_____   _____
_____   _____
_____   _____
_____   _____
_____   _____

WINE PAIRING _____

FROM THE KITCHEN OF _____

RECIPE 49 _____

SERVING _____   PREP TIME _____

COOK TIME _____   TEMPERATURE _____

INGREDIENTS _____   ## DIRECTIONS _____

WINE PAIRING _____

FROM THE KITCHEN OF _____

RECIPE 50 _____

SERVING _____   **PREP TIME** _____

COOK TIME _____   **TEMPERATURE** _____

INGREDIENTS _____   ## DIRECTIONS _____

_____   _____
_____   _____
_____   _____
_____   _____
_____   _____
_____   _____
_____   _____
_____   _____
_____   _____
_____   _____
_____   _____
_____   _____
_____   _____
_____   _____
_____   _____
_____   _____
_____   _____
_____   _____
_____   _____
_____   _____
_____   _____

WINE PAIRING _____

FROM THE KITCHEN OF _____

RECIPE 51 _____

SERVING _____   PREP TIME _____

COOK TIME _____   TEMPERATURE _____

INGREDIENTS _____   ## DIRECTIONS _____

_____   _____
_____   _____
_____   _____
_____   _____
_____   _____
_____   _____
_____   _____
_____   _____
_____   _____
_____   _____
_____   _____
_____   _____
_____   _____
_____   _____
_____   _____
_____   _____
_____   _____
_____   _____
_____   _____
_____   _____
_____   _____

WINE PAIRING _____

FROM THE KITCHEN OF _____

RECIPE 52

SERVING _____ PREP TIME _____

COOK TIME _____ TEMPERATURE _____

INGREDIENTS _____ ## DIRECTIONS _____

WINE PAIRING _____

FROM THE KITCHEN OF _____

RECIPE 53

SERVING _____ PREP TIME _____

COOK TIME _____ TEMPERATURE _____

INGREDIENTS _____   ## DIRECTIONS _____

_____   _____
_____   _____
_____   _____
_____   _____
_____   _____
_____   _____
_____   _____
_____   _____
_____   _____
_____   _____
_____   _____
_____   _____
_____   _____
_____   _____
_____   _____
_____   _____
_____   _____
_____   _____
_____   _____
_____   _____

WINE PAIRING _____

FROM THE KITCHEN OF _____

RECIPE 54 _____

SERVING _____   PREP TIME _____

COOK TIME _____   TEMPERATURE _____

INGREDIENTS _____   ## DIRECTIONS _____

_____   _____
_____   _____
_____   _____
_____   _____
_____   _____
_____   _____
_____   _____
_____   _____
_____   _____
_____   _____
_____   _____
_____   _____
_____   _____
_____   _____
_____   _____
_____   _____
_____   _____
_____   _____
_____   _____

WINE PAIRING _____

FROM THE KITCHEN OF _____

RECIPE 55 _____

SERVING _____   PREP TIME _____

COOK TIME _____   TEMPERATURE _____

INGREDIENTS _____   ## DIRECTIONS _____

WINE PAIRING _____

FROM THE KITCHEN OF _____

RECIPE 56 _____

SERVING _____   PREP TIME _____

COOK TIME _____   TEMPERATURE _____

INGREDIENTS _____   ## DIRECTIONS _____

WINE PAIRING _____

FROM THE KITCHEN OF _____

RECIPE 57

SERVING _____ | PREP TIME _____

COOK TIME _____ | TEMPERATURE _____

INGREDIENTS _____ | ## DIRECTIONS _____

_____
_____
_____
_____
_____
_____
_____
_____
_____
_____
_____
_____
_____
_____
_____
_____
_____
_____
_____
_____

WINE PAIRING _____

FROM THE KITCHEN OF _____

RECIPE 58

SERVING _____   PREP TIME _____

COOK TIME _____   TEMPERATURE _____

INGREDIENTS _____   ## DIRECTIONS _____

_____   _____
_____   _____
_____   _____
_____   _____
_____   _____
_____   _____
_____   _____
_____   _____
_____   _____
_____   _____
_____   _____
_____   _____
_____   _____
_____   _____
_____   _____
_____   _____
_____   _____
_____   _____

WINE PAIRING _____

FROM THE KITCHEN OF _____

RECIPE 59 _____

SERVING _____   PREP TIME _____

COOK TIME _____   TEMPERATURE _____

INGREDIENTS _____   ## DIRECTIONS _____

_____   _____
_____   _____
_____   _____
_____   _____
_____   _____
_____   _____
_____   _____
_____   _____
_____   _____
_____   _____
_____   _____
_____   _____
_____   _____
_____   _____
_____   _____
_____   _____
_____   _____
_____   _____
_____   _____
_____   _____

WINE PAIRING _____

FROM THE KITCHEN OF _____

RECIPE 60 _____

SERVING _____   PREP TIME _____

COOK TIME _____   TEMPERATURE _____

INGREDIENTS _____   ## DIRECTIONS _____

WINE PAIRING _____

FROM THE KITCHEN OF _____

RECIPE 61 _____

SERVING _____   PREP TIME _____

COOK TIME _____   TEMPERATURE _____

INGREDIENTS _____   ## DIRECTIONS _____

_____   _____
_____   _____
_____   _____
_____   _____
_____   _____
_____   _____
_____   _____
_____   _____
_____   _____
_____   _____
_____   _____
_____   _____
_____   _____
_____   _____
_____   _____
_____   _____
_____   _____
_____   _____
_____   _____

WINE PAIRING _____

FROM THE KITCHEN OF _____

RECIPE 62

SERVING _____   PREP TIME _____

COOK TIME _____   TEMPERATURE _____

INGREDIENTS _____   ## DIRECTIONS _____

WINE PAIRING _____

FROM THE KITCHEN OF _____

RECIPE 63 _____

SERVING _____   PREP TIME _____

COOK TIME _____   TEMPERATURE _____

INGREDIENTS _____   ## DIRECTIONS _____

_____   _____

_____   _____

_____   _____

_____   _____

_____   _____

_____   _____

_____   _____

_____   _____

_____   _____

_____   _____

_____   _____

_____   _____

_____   _____

_____   _____

_____   _____

_____   _____

_____   _____

_____   _____

_____   _____

_____   _____

WINE PAIRING _____

FROM THE KITCHEN OF _____

RECIPE 64 _____

SERVING _____   PREP TIME _____

COOK TIME _____   TEMPERATURE _____

INGREDIENTS _____   ## DIRECTIONS _____

WINE PAIRING _____

FROM THE KITCHEN OF _____

RECIPE 65 _____

SERVING _____   PREP TIME _____

COOK TIME _____   TEMPERATURE _____

INGREDIENTS _____   ## DIRECTIONS _____

_____   _____
_____   _____
_____   _____
_____   _____
_____   _____
_____   _____
_____   _____
_____   _____
_____   _____
_____   _____
_____   _____
_____   _____
_____   _____
_____   _____
_____   _____
_____   _____
_____   _____
_____   _____

WINE PAIRING _____

FROM THE KITCHEN OF _____

RECIPE 66 _____

SERVING _____ PREP TIME _____

COOK TIME _____ TEMPERATURE _____

INGREDIENTS _____ ## DIRECTIONS _____

WINE PAIRING _____

FROM THE KITCHEN OF _____

RECIPE 67 _____

SERVING _____   PREP TIME _____

COOK TIME _____   TEMPERATURE _____

INGREDIENTS _____   DIRECTIONS _____

WINE PAIRING _____

FROM THE KITCHEN OF _____

RECIPE 68 _____

SERVING _____ PREP TIME _____

COOK TIME _____ TEMPERATURE _____

INGREDIENTS _____ ## DIRECTIONS _____

_____ _____
_____ _____
_____ _____
_____ _____
_____ _____
_____ _____
_____ _____
_____ _____
_____ _____
_____ _____
_____ _____
_____ _____
_____ _____
_____ _____
_____ _____
_____ _____
_____ _____
_____ _____
_____ _____
_____ _____

WINE PAIRING _____

FROM THE KITCHEN OF _____

RECIPE 69

SERVING _____   PREP TIME _____

COOK TIME _____   TEMPERATURE _____

INGREDIENTS _____   ## DIRECTIONS _____

WINE PAIRING _____

FROM THE KITCHEN OF _____

RECIPE 70 _____

SERVING _____   PREP TIME _____

COOK TIME _____   TEMPERATURE _____

INGREDIENTS _____   ## DIRECTIONS _____

WINE PAIRING _____

FROM THE KITCHEN OF _____

RECIPE 71 _____

SERVING _____   PREP TIME _____

COOK TIME _____   TEMPERATURE _____

INGREDIENTS _____   ## DIRECTIONS _____

_____   _____
_____   _____
_____   _____
_____   _____
_____   _____
_____   _____
_____   _____
_____   _____
_____   _____
_____   _____
_____   _____
_____   _____
_____   _____
_____   _____
_____   _____
_____   _____
_____   _____
_____   _____
_____   _____
_____   _____

WINE PAIRING _____

FROM THE KITCHEN OF _____

RECIPE 72 ———————————

SERVING ——————————   PREP TIME ——————————

COOK TIME ——————————   TEMPERATURE ——————————

INGREDIENTS ——————————   ## DIRECTIONS ——————————

WINE PAIRING ——————————————————————

FROM THE KITCHEN OF ——————————————————

RECIPE 73 _____

SERVING _____   PREP TIME _____

COOK TIME _____   TEMPERATURE _____

INGREDIENTS _____   ## DIRECTIONS _____

_____   _____
_____   _____
_____   _____
_____   _____
_____   _____
_____   _____
_____   _____
_____   _____
_____   _____
_____   _____
_____   _____
_____   _____
_____   _____
_____   _____
_____   _____
_____   _____
_____   _____
_____   _____
_____   _____
_____   _____
_____   _____
_____   _____

WINE PAIRING _____

FROM THE KITCHEN OF _____

RECIPE 74

SERVING _____   PREP TIME _____

COOK TIME _____   TEMPERATURE _____

INGREDIENTS _____   ## DIRECTIONS _____

WINE PAIRING _____

FROM THE KITCHEN OF _____

RECIPE 75 _____

SERVING _____   PREP TIME _____

COOK TIME _____   TEMPERATURE _____

INGREDIENTS _____   ## DIRECTIONS _____

_____   _____

_____   _____

_____   _____

_____   _____

_____   _____

_____   _____

_____   _____

_____   _____

_____   _____

_____   _____

_____   _____

_____   _____

_____   _____

_____   _____

_____   _____

_____   _____

_____   _____

_____   _____

WINE PAIRING _____

FROM THE KITCHEN OF _____

RECIPE 76 _____

SERVING _____   PREP TIME _____

COOK TIME _____   TEMPERATURE _____

INGREDIENTS _____   ## DIRECTIONS _____

_____   _____
_____   _____
_____   _____
_____   _____
_____   _____
_____   _____
_____   _____
_____   _____
_____   _____
_____   _____
_____   _____
_____   _____
_____   _____
_____   _____
_____   _____
_____   _____
_____   _____
_____   _____
_____   _____
_____   _____
_____   _____

WINE PAIRING _____

FROM THE KITCHEN OF _____

RECIPE 77

SERVING _____   PREP TIME _____

COOK TIME _____   TEMPERATURE _____

INGREDIENTS _____   ## DIRECTIONS _____

WINE PAIRING _____

FROM THE KITCHEN OF _____

RECIPE 78 _____

SERVING _____   PREP TIME _____

COOK TIME _____   TEMPERATURE _____

INGREDIENTS _____   ## DIRECTIONS _____

_____   _____
_____   _____
_____   _____
_____   _____
_____   _____
_____   _____
_____   _____
_____   _____
_____   _____
_____   _____
_____   _____
_____   _____
_____   _____
_____   _____
_____   _____
_____   _____
_____   _____
_____   _____

WINE PAIRING _____

FROM THE KITCHEN OF _____

RECIPE 79 _____

SERVING _____   PREP TIME _____

COOK TIME _____   TEMPERATURE _____

INGREDIENTS _____   ## DIRECTIONS _____

WINE PAIRING _____

FROM THE KITCHEN OF _____

RECIPE 80 _____

SERVING _____   PREP TIME _____

COOK TIME _____   TEMPERATURE _____

INGREDIENTS _____   ## DIRECTIONS _____

_____   _____
_____   _____
_____   _____
_____   _____
_____   _____
_____   _____
_____   _____
_____   _____
_____   _____
_____   _____
_____   _____
_____   _____
_____   _____
_____   _____
_____   _____
_____   _____
_____   _____
_____   _____
_____   _____

WINE PAIRING _____

FROM THE KITCHEN OF _____

RECIPE 81

SERVING _____   PREP TIME _____

COOK TIME _____   TEMPERATURE _____

INGREDIENTS _____   ## DIRECTIONS _____

_____   _____
_____   _____
_____   _____
_____   _____
_____   _____
_____   _____
_____   _____
_____   _____
_____   _____
_____   _____
_____   _____
_____   _____
_____   _____
_____   _____
_____   _____
_____   _____
_____   _____
_____   _____
_____   _____
_____   _____

WINE PAIRING _____

FROM THE KITCHEN OF _____

RECIPE 82 _____

SERVING _____   PREP TIME _____

COOK TIME _____   TEMPERATURE _____

INGREDIENTS _____   ## DIRECTIONS _____

WINE PAIRING _____

FROM THE KITCHEN OF _____

RECIPE 83

SERVING _____   PREP TIME _____

COOK TIME _____   TEMPERATURE _____

INGREDIENTS _____   ## DIRECTIONS _____

_____   _____

_____   _____

_____   _____

_____   _____

_____   _____

_____   _____

_____   _____

_____   _____

_____   _____

_____   _____

_____   _____

_____   _____

_____   _____

_____   _____

_____   _____

_____   _____

_____   _____

_____   _____

WINE PAIRING _____

FROM THE KITCHEN OF _____

RECIPE 84 _____

SERVING _____   PREP TIME _____

COOK TIME _____   TEMPERATURE _____

INGREDIENTS _____   DIRECTIONS _____

_____   _____
_____   _____
_____   _____
_____   _____
_____   _____
_____   _____
_____   _____
_____   _____
_____   _____
_____   _____
_____   _____
_____   _____
_____   _____
_____   _____
_____   _____
_____   _____
_____   _____
_____   _____
_____   _____

WINE PAIRING _____

FROM THE KITCHEN OF _____

RECIPE 85 _____

SERVING _____   PREP TIME _____

COOK TIME _____   TEMPERATURE _____

INGREDIENTS _____   ## DIRECTIONS _____

_____   _____
_____   _____
_____   _____
_____   _____
_____   _____
_____   _____
_____   _____
_____   _____
_____   _____
_____   _____
_____   _____
_____   _____
_____   _____
_____   _____
_____   _____
_____   _____
_____   _____
_____   _____

WINE PAIRING _____

FROM THE KITCHEN OF _____

RECIPE 86

SERVING _____   PREP TIME _____

COOK TIME _____   TEMPERATURE _____

INGREDIENTS _____   ## DIRECTIONS _____

_____   _____
_____   _____
_____   _____
_____   _____
_____   _____
_____   _____
_____   _____
_____   _____
_____   _____
_____   _____
_____   _____
_____   _____
_____   _____
_____   _____
_____   _____
_____   _____
_____   _____
_____   _____
_____   _____
_____   _____
_____   _____

WINE PAIRING _____

FROM THE KITCHEN OF _____

RECIPE 87

SERVING _____   PREP TIME _____

COOK TIME _____   TEMPERATURE _____

INGREDIENTS _____   ## DIRECTIONS _____

WINE PAIRING _____

FROM THE KITCHEN OF _____

RECIPE 88

SERVING _____   PREP TIME _____

COOK TIME _____   TEMPERATURE _____

INGREDIENTS _____   ## DIRECTIONS _____

_____   _____
_____   _____
_____   _____
_____   _____
_____   _____
_____   _____
_____   _____
_____   _____
_____   _____
_____   _____
_____   _____
_____   _____
_____   _____
_____   _____
_____   _____
_____   _____
_____   _____
_____   _____
_____   _____
_____   _____
_____   _____

WINE PAIRING _____

FROM THE KITCHEN OF _____

RECIPE 89

SERVING _____

PREP TIME _____

COOK TIME _____

TEMPERATURE _____

INGREDIENTS _____

DIRECTIONS _____

_____

_____

_____

_____

_____

_____

_____

_____

_____

_____

_____

_____

_____

_____

_____

_____

_____

_____

_____

_____

WINE PAIRING _____

FROM THE KITCHEN OF _____

RECIPE 90

SERVING _____   PREP TIME _____

COOK TIME _____   TEMPERATURE _____

INGREDIENTS _____   ## DIRECTIONS _____

_____   _____

_____   _____

_____   _____

_____   _____

_____   _____

_____   _____

_____   _____

_____   _____

_____   _____

_____   _____

_____   _____

_____   _____

_____   _____

_____   _____

_____   _____

_____   _____

_____   _____

_____   _____

_____   _____

WINE PAIRING _____

FROM THE KITCHEN OF _____

RECIPE 97

SERVING _____   PREP TIME _____

COOK TIME _____   TEMPERATURE _____

INGREDIENTS _____

_____

_____

_____

_____

_____

_____

_____

_____

_____

_____

_____

_____

_____

_____

_____

_____

_____

_____

DIRECTIONS _____

_____

_____

_____

_____

_____

_____

_____

_____

_____

_____

_____

_____

_____

_____

_____

_____

_____

_____

WINE PAIRING _____

FROM THE KITCHEN OF _____

RECIPE 92 _____

SERVING _____   PREP TIME _____

COOK TIME _____   TEMPERATURE _____

INGREDIENTS _____   ## DIRECTIONS _____

_____   _____
_____   _____
_____   _____
_____   _____
_____   _____
_____   _____
_____   _____
_____   _____
_____   _____
_____   _____
_____   _____
_____   _____
_____   _____
_____   _____
_____   _____
_____   _____
_____   _____
_____   _____
_____   _____
_____   _____
_____   _____

WINE PAIRING _____

FROM THE KITCHEN OF _____

RECIPE 93

SERVING _____   PREP TIME _____

COOK TIME _____   TEMPERATURE _____

INGREDIENTS _____   ## DIRECTIONS _____

WINE PAIRING _____

FROM THE KITCHEN OF _____

RECIPE 94

SERVING _____   PREP TIME _____

COOK TIME _____   TEMPERATURE _____

INGREDIENTS _____

_____

_____

_____

_____

_____

_____

_____

_____

_____

_____

_____

_____

_____

_____

_____

_____

_____

_____

_____

_____

_____

DIRECTIONS _____

_____

_____

_____

_____

_____

_____

_____

_____

_____

_____

_____

_____

_____

_____

_____

_____

_____

_____

_____

_____

_____

WINE PAIRING _____

FROM THE KITCHEN OF _____

RECIPE 95 _____

SERVING _____   PREP TIME _____

COOK TIME _____   TEMPERATURE _____

INGREDIENTS _____   ## DIRECTIONS _____

_____   _____
_____   _____
_____   _____
_____   _____
_____   _____
_____   _____
_____   _____
_____   _____
_____   _____
_____   _____
_____   _____
_____   _____
_____   _____
_____   _____
_____   _____
_____   _____
_____   _____
_____   _____
_____   _____
_____   _____

WINE PAIRING _____

FROM THE KITCHEN OF _____

RECIPE 96 _____

SERVING _____ PREP TIME _____

COOK TIME _____ TEMPERATURE _____

INGREDIENTS _____ DIRECTIONS _____

_____ _____

_____ _____

_____ _____

_____ _____

_____ _____

_____ _____

_____ _____

_____ _____

_____ _____

_____ _____

_____ _____

_____ _____

_____ _____

_____ _____

_____ _____

_____ _____

_____ _____

_____ _____

_____ _____

WINE PAIRING _____

FROM THE KITCHEN OF _____

RECIPE 97

SERVING _____

PREP TIME _____

COOK TIME _____

TEMPERATURE _____

INGREDIENTS _____

DIRECTIONS _____

WINE PAIRING _____

FROM THE KITCHEN OF _____

RECIPE 98 _____

SERVING _____   PREP TIME _____

COOK TIME _____   TEMPERATURE _____

INGREDIENTS _____   ## DIRECTIONS _____

_____   _____
_____   _____
_____   _____
_____   _____
_____   _____
_____   _____
_____   _____
_____   _____
_____   _____
_____   _____
_____   _____
_____   _____
_____   _____
_____   _____
_____   _____
_____   _____
_____   _____
_____   _____
_____   _____
_____   _____

WINE PAIRING _____

FROM THE KITCHEN OF _____

RECIPE 99 _____

SERVING _____   PREP TIME _____

COOK TIME _____   TEMPERATURE _____

INGREDIENTS _____   ## DIRECTIONS _____

_____   _____
_____   _____
_____   _____
_____   _____
_____   _____
_____   _____
_____   _____
_____   _____
_____   _____
_____   _____
_____   _____
_____   _____
_____   _____
_____   _____
_____   _____
_____   _____
_____   _____
_____   _____
_____   _____
_____   _____
_____   _____

WINE PAIRING _____

FROM THE KITCHEN OF _____

RECIPE 100 _____

SERVING _____   PREP TIME _____

COOK TIME _____   TEMPERATURE _____

INGREDIENTS _____   ## DIRECTIONS _____

_____   _____
_____   _____
_____   _____
_____   _____
_____   _____
_____   _____
_____   _____
_____   _____
_____   _____
_____   _____
_____   _____
_____   _____
_____   _____
_____   _____
_____   _____
_____   _____
_____   _____
_____   _____
_____   _____
_____   _____
_____   _____
_____   _____
_____   _____
_____   _____

WINE PAIRING _____

FROM THE KITCHEN OF _____

Made in the USA
Columbia, SC
01 December 2020